Inhalt

Erneuerbare Energien weltweit - Verliert Europa seine Vorreiterrolle in der Energie- und Klimapolitik?

Kernthesen

Beitrag

Fallbeispiele

Weiterführende Literatur

Impressum

Erneuerbare Energien weltweit - Verliert Europa seine Vorreiterrolle in der Energie- und Klimapolitik?

Anja Schneider

Kernthesen

- Europa ist nicht mehr alleiniger Vorreiter in der weltweiten Energie- und Klimapolitik.
- Das deutsche EEG wirkt inspirierend: Ziele für den Ausbau erneuerbarer Energien haben sich 138 Länder der Erde gesetzt, in 66 Staaten werden Einspeisetarife für erneuerbare Energien in verschiedener

Ausprägung gezahlt.
- Der größte Zubau von Windkraftanlagen fand in den vergangenen Jahren in den USA und China statt.
- Bei der Photovoltaik ist China unangefochten der global führende Hersteller.
- In der Elektromobilität liegen die USA und Japan vorn.

Beitrag

Ausbau erneuerbarer Energien schreitet weltweit voran

Deutschland gilt als Pionier in der Nutzung erneuerbarer Energien wie Wind, Sonne und Biomasse. Ein Alleinstellungsmerkmal ist dies nicht mehr, denn der Trend gilt längst weltweit. Ende 2012 hatten insgesamt 138 Länder spezifische Ziele zum Ausbau der regenerativen Energien festgelegt und Förderprogramme entwickelt. Dies ist das Ergebnis einer Untersuchung des ifo Instituts für Wirtschaftsforschung.

Die weltweit installierte Kapazität für die Stromerzeugung aus erneuerbaren Energieträgern wächst von Jahr zu Jahr (2012: 1 600 Gigawatt). Den größten Anteil daran hat freilich die Wasserkraft (über 1 000 GW), es folgen die Windenergie (knapp 300 GW) und die Photovoltaik (über 100 GW). Noch weit hinten liegen die Stromgewinnung aus Biomasse (83 GW) und die Geothermie (12 GW). Ende 2012 betrug der Anteil der erneuerbaren Energien an der weltweit installierten Kapazität mehr als 26 Prozent und der Anteil an der globalen Stromerzeugung gut 21 Prozent. Zu den wichtigsten Ländern im Bereich regenerativer Energie zählen China, die USA, Brasilien, Kanada und Deutschland. Ohne Wasserkraft tritt Deutschland statt Brasilien an die dritte Stelle, gefolgt von Spanien, Italien und Indien.

Die rasanteste Entwicklung in Sachen erneuerbare Energien hat China hingelegt. Dort erreicht ihr Anteil an der gesamten Stromproduktion mittlerweile 19 Prozent. Der Ausbau der erneuerbaren Energien in China wird in den kommenden Jahren voraussichtlich stärker sein als in der EU, in den USA und Japan zusammen. Die Vereinigten Staaten sind der zweitgrößte Stromerzeuger hinter China, sie sind weltweit führend bei Strom aus fester Biomasse sowie im Bereich der Geothermie. (1)

EU will Weichen in Klima- und Energiepolitik neu stellen

In der EU-27 belief sich der Anteil der regenerativen Energien im Stromsektor 2011 auf 21,7 Prozent. Die Energiediskussion scheint von der Finanzkrise verdrängt worden zu sein, doch tatsächlich ringen die EU-Mitglieder derzeit um eine zukunftsfähige Ausrichtung der Klima- und Energiepolitik für die Jahre nach 2020. Ein Vorschlag der EU-Kommission liegt auf dem Tisch. Er sieht unter anderem vor, die Treibhausgasemissionen Europas bis 2030 um 40 Prozent gegenüber 1990 zu senken. Ein Erneuerbare-Energien-Ziel sollte mindestens 27 Prozent betragen, wobei höhere Ambitionen den Mitgliedstaaten überlassen werden. Im März wird verhandelt. Bis zum nächsten Uno-Klimagipfel in Paris 2015 soll die EU eine Klima- und Energiepolitik erarbeitet haben, die die europäische Wettbewerbsfähigkeit in den innovativen Branchen stärkt.

Bis dahin gibt es noch viel zu tun, denn gegenwärtig ziehen Europas Länder klimapolitisch nicht an einem Strang. Vorneweg marschiert Schweden; es hatte 2011 mit fast 49 Prozent unter den EU-Mitgliedstaaten den höchsten Anteil erneuerbarer Energien am gesamten Endenergieverbrauch. Am anderen Ende liegt beispielsweise Polen, das seine Stromerzeugung auf Kohlebasis erhalten will, und einige südeuropäische Länder haben noch immer größere Sorgen als den Klimaschutz. In Deutschland lag der Anteil der regenerativen Energien im Stromsektor im Jahr 2012 bei 23,5 Prozent. Doch die Kosten der Energiewende sind hoch - zu hoch, tönen ihre Kritiker. Während die einen bremsen und argumentieren, dass es sich Europa nicht leisten könne, eine einsame und teure Vorreiterrolle bei Klimaschutz, Energieeffizienz und dem Ausbau der Erneuerbaren Energien einzunehmen, weisen die anderen nach, dass Europa mittlerweile von den USA und mehreren Ländern Asiens abgehängt wird. Dies belegt eine aktuelle Studie des Europäischen Forschungsnetzwerkes Climate Strategies unter Federführung des Deutschen Instituts für Wirtschaftsforschung (DIW) in Berlin. (1), (2), (3)

Einzelne Bereiche der Energie- und Klimapolitik

Wie sieht es in verschiedenen Bereichen der Klima- und Energiepolitik in Europa, in Deutschland und im internationalen Vergleich aus? An welchen Stellschrauben wird gedreht?

EEG: viele Nachahmer

Das deutsche EEG, das Erneuerbare-Energien-Gesetz oder das Gesetz für den Vorrang Erneuerbarer Energien, wird im April 14 Jahre alt. Es wurde seither mehrmals novelliert und soll bis Ostern 2014 erneut reformiert werden. Zwei wesentliche Prinzipien legt es gesetzlich fest: Zum einen verpflichtet es die Netzbetreiber, Strom aus erneuerbaren Energien ins Netz aufzunehmen und vorrangig einzuleiten, zum anderen verpflichtet es zu festen Vergütungssätzen für den eingespeisten Strom. Die ökonomischen und ökologischen Effekte der Einspeisevergütung als Steuerungsinstrument werden zwar kontrovers diskutiert und beurteilt, doch unterm Strich gilt es als Erfolgsgeschichte. Die Strommenge aus erneuerbaren Energiequellen ist seit Einführung des EEG in Deutschland um das über 10-fache gestiegen. Viele andere Länder und Regionen haben sich in den vergangenen Jahren auf den gleichen Weg gemacht wie Deutschland. Heute gibt es 66 Länder weltweit, die ähnliche Fördermodelle haben: Einspeisevergütungen für regenerative Energien werden - in verschiedenen Ausprägungen - in insgesamt 66 Ländern der Erde gezahlt. Andere Förderinstrumente, die Anreize für die Stromerzeugung aus Wind, Wasser, Sonne und Biomasse setzen sollen, sind das Quotenmodell oder das Ausschreibungs- beziehungsweise das Auktionssystem. (3), (4), (5), (6), (7)

Energieeffizienz: ausbaufähig

Wie weit ist Deutschland, der Pionier bei Klimaschutz und erneuerbaren Energien, bei der Energieeffizienz? Die Energieeffizienz hinterfragt, wie viel Energie aufgewendet werden muss, um ein festgelegtes Ziel zu erreichen. Es geht darum, diesen Energieaufwand zu minimieren. Im Koalitionsvertrag der Bundesregierung steht die Energieeffizienz weit oben auf der Agenda. Sie wird als zweite Säule einer nachhaltigen Energiewende bezeichnet, und es gibt sogar einen "Nationalen Aktionsplan Energieeffizienz". Doch in aktuellen Studien - wie beispielsweise vorgelegt von der Deutschen Unternehmensinitiative (deneff) - wird die gegenwärtige Energieeffizienz Deutschlands nicht allzu gut beurteilt. Die Energiekosten müssen niedrig sein, um im internationalen Wettbewerb bestehen zu können, das fordern viele Unternehmen. Analysen des World Economic Forum zeigen allerdings, dass deutsche Unternehmen, die mehr als sechs Prozent ihres Umsatzes für Energie aufwenden, gerade einmal 1,3 Prozent zur gesamten deutschen Wertschöpfung beitragen. Auch wenn Energie an sich wenig kostet, heißt das noch lange nicht, dass die Wirtschaft dann brummt. Das demonstrieren Länder wie Ungarn, Tschechien und Polen, deren Energiepreise lange Jahre künstlich niedrig gehalten wurden und die bis heute nicht gelernt haben, effizient mit Energie umzugehen. Darin sind Länder wie Japan und Italien deutlich weiter, trotz oder gerade weil dort die Energiekosten relativ hoch sind. (8), (2)

CO_2-Einsparung: ungenügend

Die CO_2-Emissionen erreichten im Jahr 2012 weltweit

eine neue Rekordhöhe, in Europa sanken sie zwar um 1,8 Prozent, Deutschland jedoch verbuchte einen Anstieg um rund zwei Prozent auf 20 Millionen Tonnen CO2. Damit war der Klimaschutzvorreiter Deutschland erstmals aus den Top Ten der führenden Klimaschutznationen herausgefallen. Auch 2013 kletterten die deutschen CO2-Emissionen erneut um 1,5 Prozent nach oben. Als Ursachen gelten der stärkere Steinkohleeinsatz in der Stromerzeugung, die deutsche Unentschiedenheit bei der Reform des Emissionshandels und seine Blockade der EU-Richtlinien für spritsparende Autos und Energieeffizienz. (9), (10)

Emissionshandelssystem: Reformbedarf

Das Europäische Emissionshandelssystem wird stark kritisiert, seine Reform dringend gefordert. Das System setze derzeit zu wenige Anreize, weniger klimaschädliche Energieträger zu verfeuern. Über den Preis für Kohlendioxid werden die Energie und Produktionsstrukturen gesteuert. Eine WWF-Studie zur Industrieprivilegierung im Emissionshandel kam jetzt zu dem Ergebnis, dass der Emissionshandel für viele Unternehmen geradezu ein "Goldesel" sei. Der Emissionshandel gebe derzeit keine Impulse für den Klimaschutz. Etliche europäische Länder haben mittlerweile korrigierend eingegriffen und nationale Maßnahmen umgesetzt. So haben Großbritannien, Irland, die Schweiz, Schweden, Finnland, Norwegen und die Niederlande die Steuern auf die CO2-Emissionen so angesetzt, dass der CO2-Preis weit höher ausfällt als derzeit unter dem europäischen Emissionshandelssystem. Es gibt auf internationalem Parkett viele Nachahmer des Emissionshandels. Eingeführt haben Emissionshandelssysteme einige Bundesstaaten der USA und Kanadas, Australien, Neuseeland und Südkorea, sieben wichtige Provinzen Chinas sowie Tokio. Südkorea, Brasilien, Indonesien, Mexiko, Südafrika und die Ukraine bereiten sich auf die baldige Einführung von CO2-Preisen vor. (11), (3), (2)

Grüne Patente: Europa führt

Das EEG setzt Anreize für Erfindungen und wirkt damit innovationsfreundlich. Das trifft für Europa und für Deutschland zu: Europa verfügt neben Japan über die größte Zahl an Patenten im Bereich grüner Technologien und deckt dabei zugleich am umfassendsten die unterschiedlichen Technologiefelder ab, fand die London School of Economics heraus. Laut Deutschem Patent- und Markenamt (DPMA) ist die Zahl der Patentanmeldungen im Bereich Erneuerbare Energien in den vergangenen Jahren stark gestiegen. Eine vergleichende Patentanalyse zwischen den führenden Offshore-Windnationen Dänemark, England und Deutschland weist beispielsweise die deutsche Offshore-Windindustrie als klaren Spitzenreiter im

Bereich der Innovation aus. 65 Prozent aller Offshore-Wind-Patente stammen aus Deutschland. (3), (4), (12)

Windenergie: noch im Rennen

Die Windkraft wird weltweit ausgebaut. Dabei wird Europa allmählich von anderen Regionen abgehängt. Rund 70 Prozent der im Jahr 2012 zugebauten Windkraftleistung wurden außerhalb der EU installiert, davon jeweils 29 Prozent in China und in den USA. Dies errechnete das Deutsche Institut für Wirtschaftsforschung (DIW), Berlin, in seiner Studie. Weil die Herstellung von Turbinen technologisch anspruchsvoll und kapitalintensiv ist, sind die europäischen Windanlagenhersteller nicht so leicht von asiatischen Herstellern zu verdrängen. Schwellenländer wie die Türkei, Chile und Südafrika setzen zur Versorgung ihres Strombedarfs zunehmend auf Windkraft; dies beschert den Europäern Aufträge. In Spanien hat Windkraft 2013 die Kernkraft als wichtigste Stromquelle des Landes abgelöst. Der Ausbau der Offshore-Windenergie schreitet in Europa voran. In Deutschland verläuft er zwar deutlich langsamer als geplant und gewünscht, in Großbritannien hingegen boomt dieser Industriezweig. Das bietet dem deutschen Großkonzern Siemens prächtige Geschäftschancen. Im vergangenen Jahr rüstete Siemens fast 70 Prozent aller neuen europäischen Offshore-Windparks mit Turbinen aus. (3), (13)

Photovoltaik: Wachstumschampions außerhalb Europas

Solarstrom ist nicht nur in Deutschland, sondern international beliebt. Mehr als 60 Staaten setzen auf einen Solarstrom-Einspeisetarif, der sich am deutschen Modell des Erneuerbare-Energien-Gesetzes (EEG) orientiert. Solarstrom kann dank des Modulpreisverfalls in einigen sonnenreichen Regionen mittlerweile günstiger produziert werden als konventionelle Energie; eine spezielle Förderung ist deshalb nicht mehr nötig. Bei der Photovoltaik ist China unangefochten der global führende Hersteller. Das größte Nachfragewachstum liegt ebenfalls in China sowie in Japan. Diese beiden zogen 2013 rund 40 Prozent der Welt-Solarnachfrage auf sich. Sehr stark wächst die Photovoltaik nicht nur in Asien, sondern inzwischen auch in Brasilien, im Mittleren Osten, in Südafrika, in der Türkei. Die weltweite Nachfrage nach Solarmodulen steigt wieder. Davon kann auch die zuletzt stark gebeutelte deutsche Solarindustrie (beziehungsweise das, was von ihr übrig ist) profitieren. Der asiatische Markt ist leider für europäische Firmen schwer zugänglich. Die Solarstromnachfrage in Europa ist rückläufig. (2), (13), (14)

Fahrzeuge und Elektromobilität: Europa bereits Nachzügler

Bei der Elektromobilität ist Europa bereits abgehängt

worden. Zusammen mit den USA steht Japan an der Spitze. Laut einer Vergleichsstudie sind 38 Prozent aller Elektroautos in den USA zugelassen, 24 Prozent fahren auf japanischen Straßen und magere elf Prozent in der EU, davon drei Prozent in Deutschland. In Japan wurden 2012 weltweit die meisten batterieelektrischen Fahrzeuge zugelassen - rund 16 000. In den USA waren es rund 15 000, in Deutschland etwa 1 300. Bei den Plug-in-Hybriden führten die USA mit rund 53 000 Neuzulassungen. Japan setzt zudem den weltweit strengsten Standard für den Kraftstoffverbrauch von Neuwagen. (2), (3)

Trends

EU-Klimapaket: Für das neue EU-Klimapaket hat die EU-Kommission einen Vorschlag vorgelegt, bis zur Abstimmung ist nicht mehr viel Zeit. Die deutschen Bundesländer haben die Ziele der EU-Kommission zur Klima- und Energiepolitik im Zeitraum von 2020 bis 2030 als nicht ambitioniert genug kritisiert. Der Rat der europäischen Regulierungsbehörden CEER begrüßt das gemeinschaftliche CO_2-Minderungsziel von 40 Prozent sowie das 27-Prozent-Ziel für Erneuerbare Energien am Energie-Mix. (15), (16)

Kohleverstromung: International war Kohle der Energieträger mit dem größten Wachstum im vergangenen Jahrzehnt. Auch in Deutschland lebt die

Kohleverstromung wieder auf. (17)

Fallbeispiele

Baubranche: Die Studie des Europäischen Forschungsnetzwerkes Climate Strategies unter Federführung des Deutschen Instituts für Wirtschaftsforschung (DIW) in Berlin belegt auch, dass die als mustergültig präsentierten deutschen Energiestandards am Bau mittlerweile jene einiger anderer Staaten hinter sich gelassen haben. (2)

Zement: Vergleichende Studien zeigen, dass neue Zementwerke in Indien, Thailand und China deutlich effizienter produzieren als jene in Europa. Deutsche Zementhersteller brauchen etwa ein Fünftel mehr Energie als indische. (2)

Photovoltaik in Südamerika: Argentinien steigt in die Photovoltaik ein. In der Andenstadt San Juan investiert der Energieversorger Energía Provincial Sociedad del Estado 100 Millionen Euro in ein neues Werk, um künftig mehr Sonnenstrom anbieten zu können. Das für Deutschland Positive daran: Der Stuttgarter Fabrikplaner M+W Group und der Maschinenbauer Schmid aus Freudenstadt im Schwarzwald wollen gemeinsam an dieser Modulfabrik bauen, die weltweit Maßstäbe setzen soll. In Brasilien wollen die Solarfirmen Real Solar,

Enerbra Indústria e Commercio de Paneis Solar und Bacilieri Equipamentos Elétricos insgesamt 377 Millionen US-Dollar in Solarprojekte in Río Grande investieren. (14)

Windkraft in Afrika: In Äthiopien gibt es etliche Windparkprojekte in unterschiedlichen Projektstadien. Beispielsweise wird seit Juni 2013 ein Windpark in der Nähe der drittgrößten Stadt Adama gebaut. Im Geschäft sind China - und indirekt sogar Deutschland: Die 34 Windturbinen mit je 1,5 MW Leistung stammen aus dem Hause Vensys, eines deutschen Herstellers getriebeloser Windturbinen, an dem der chinesische Windturbinenhersteller Goldwind 2008 die Mehrheit erwarb. (18)

Erneuerbare Energien in Costa Rica: Eine Untersuchung des Weltwirtschaftsforums zur Energieversorgung in Europa kam zu einem tröstlichen Ergebnis: Die Energieversorgung in Europa wurde vom Weltwirtschaftsforum als führend in der Welt bewertet. Als bemerkenswert unter den Nicht-OECD-Ländern wurde Costa Rica herausgehoben. Das mittelamerikanische Land strebe eine Energiewende an, bei der der Strombedarf zu 99 Prozent aus erneuerbaren Energien gedeckt wird. Damit sicherte sich das Land einen Platz unter den ersten zehn in der Rangfolge. (19)

Weiterführende Literatur

(1) Weltweit rund 1700Gigawatt Strom aus erneuerbaren Energien
aus Agra-Europe (AgE), 55. Jahrgang Nr. 3 vom 13.01.2014

(2) Europa verspielt seine Wettbewerbsvorteile
aus Handelsblatt online vom 15.02.2014

(3) Energie- und Klimapolitk: Andere Weltregionen holen auf
aus www.powernews.org Meldung vom 05.02.2014 - 15:34

(4) EEG ist Innovationstreiber
aus WIRTSCHAFTS-INFORMATIONS-DIENST ENERGIE vom 05.März 2014

(5) „Das EEG ist ein tolles Gesetz"
aus SONNE WIND & WÄRME, Heft 01/2014, S. 10-13

(6) Erneuerbaren Energien weltweit zum Durchbruch verhelfen
aus WIRTSCHAFTS-INFORMATIONS-DIENST ENERGIE vom 12.März 2014

(7) Wer macht mit bei der Energiewende? – Förderinstrumente für Strom aus erneuerbaren Energien im internationalen Überblick
aus - Zeitschrift für Neues Energierecht, Heft 06/2013, S. 565-572

(8) Markt für Energieeffizienz wächst um 16 Prozent auf 146 Milliarden Euro. Erster Branchenmonitor untersucht Marktstrukturen, Zahlen und Trends in der deutschen Energieeffizienzbranche
aus - Zeitschrift für Neues Energierecht, Heft 06/2013, S. 565-572

(9) CO_2-Ausstoß auf Rekordniveau
aus neue energie, Heft 12/2013, S. 33

(10) Treibhausgasemissionen sind 2013 gestiegen
aus energate vom 10.03.2014

(11) WWF-Studie: Emissionshandel ist Goldesel für Unternehmen
aus www.powernews.org Meldung vom 14.03.2014 - 09:40

(12) Offshore-Windtechnik 65 % aller Offshore-Wind-Patente stammen aus Deutschland
aus www.maschinenmarkt.de vom 07.03.2014

(13) Die Sonnenwende Die Branche der erneuerbaren Energien ist im Stimmungstief. Doch die Chancen für einen Aufschwung stehen gut -eine Kaufgelegenheit für antizyklische Anleger
aus EURO, 19.02.2014, Nr. 3, S. 116 - 119

(14) Neuer Schwung
aus neue energie, Heft 1/2014, S. 74

(15) Bundesrat verlangt EU-Effizienzziel
aus www.powernews.org Meldung vom 14.03.2014 -

17:35

(16) Regulierungsbehörden unterstützen neues EU-Klimapaket
aus energate vom 14.03.2014

(17) Rumstadt: "Die Kohleverstromung wird an Akzeptanz gewinnen"
aus www.powernews.org Meldung vom 24.02.2014 - 13:36

(18) Ökostrompioniere am Horn von Afrika
aus VDI NR. 1-2 VOM 10.01.2014 SEITE 9

(19) Sicher, erschwinglich und nachhaltig - Energieversorgung weltweit
aus energate vom 12.12.2013

Impressum

Erneuerbare Energien weltweit - Verliert Europa seine Vorreiterrolle in der Energie- und Klimapolitik?

Bibliografische Information der deutschen Nationalbibliothek

Die Deutsche Nationalbibliothek verzeichnet diese Publikation in der deutschen Nationalbibliografie; detaillierte bibliografische Daten sind im Internet über http://dnb.d-nb.de abrufbar.

ISBN: 978-3-7379-5625-3

© 2015 GBI-Genios Deutsche Wirtschaftsdatenbank GmbH, Freischützstraße 96, 81927 München, www.genios.de

Alle Rechte vorbehalten. Dieses Werk ist einschließlich aller seiner Teile – z.B. Texte, Tabellen und Grafiken - urheberrechtlich geschützt. Jede Verwertung außerhalb der Grenzen des Urheberrechtsgesetzes bedarf der vorherigen Zustimmung des Verlags. Dies gilt insbesondere auch für auszugsweise Nachdrucke, fotomechanische Vervielfältigungen (Fotokopie/Mikroskopie), Übersetzungen, Auswertungen durch Datenbanken oder ähnliche Einrichtungen und die Einspeicherung und Verarbeitung in elektronischen Systemen.